SIEGFRIED AUST

D1843788

HALLO, FEUERWEHR!

RETTEN – LÖSCHEN – BERGEN – SCHÜTZEN

BILDER VON
ALEXANDER SCHÜTZ

UEBERREUTER

Es brennt! Die Feuerwehr soll kommen!

Du kannst sie mit dem Telefon rufen oder . . .

mit dem Feuermelder alarmiere

14.05 Uhr: Die Alarmglocke schrillt. Die Feuerwehrleute rennen zu ihren Fahrzeugen. Dabei ziehen sie ihre Einsatzkleidung über. Damit es schneller geht, laufen sie keine Treppen, sondern rutschen an Stangen zu den Autos. Die Blaulichter leuchten auf, die Sirenen heulen. In schneller Fahrt geht es zur Brandstelle. Allen voran fährt der Brandmeister.
Unterwegs schließen die Männer noch ihre **Einsatzjacken.** Sie sind aus Wolle und schützen vor Nässe und Hitze. Der **Feuerwehrhelm** hat einen Nackenschutz aus Leder.

Neugierig schauen die Passanten hinter den Autos her. Aus den Fenstern des Wohnhauses Lerchenstraße 3 quillt dichter schwarzer Rauch. »Erst die Personen retten!« ordnet der Brandmeister an. Die lange Leiter wird ausgefahren. Die Löschtrupps legen die Schläuche aus und schließen sie an die Hydranten an. Jetzt kann das Feuer bekämpft werden. Der Brandmeister hält über Funk ständig Kontakt mit der Einsatzzentrale.

»Das Feuer ist unter Kontrolle. Keine Verletzten«, meldet der Brandmeister. »Verstanden – Ende«, antwortet der Beamte in der Zentrale.

»Mutti, guck mal, ein Feuerwehrmann.
Brennt es hier?« fragt Klaus.
»Sicher nicht«, antwortet die Mutter.
Der Feuerwehrmann hat die Frage von Klaus mitgehört. »Wir überprüfen die Anlagen, die vor einem Brand schützen sollen – die Rauchmelder, die Sprinkler, die Feuerlöscher und die Anschlüsse für die Schlauchleitungen«, erklärt er.
»Was ist denn ein Sprinkler? Ist das sowas wie ein Springbrunnen?« will Klaus wissen.
Der Feuerwehrmann lacht. »Ja, nur hängen diese Springbrunnen an der Decke. Wenn es brennt, dann ›regnet‹ es.«
»Und woher wissen diese Sprinkler, daß es brennt?« fragt die Mutter.
»Von den automatischen Rauchmeldern. Sie lösen auch bei der Feuerwehr Alarm aus. Wir überprüfen auch die Notausgänge. Die Wege müssen für den Notfall immer frei sein, und die Türen dürfen nicht verschlossen sein.«

»Da fahr ich doch schneller mit dem Fahrstuhl«, meint Klaus.
»Bloß das nicht! Er könnte unterwegs steckenbleiben, und keiner kann dich retten.«

Sprinkler sind über die gesamte Decke verteilt. Sie besprühen bei Feuergefahr automatisch alles gleichmäßig mit Löschwasser und bekämpfen den Brand, bis die Feuerwehr eintrifft.

Den kürzesten und schnellsten Weg aus dem Haus weisen die Schilder »Fluchtweg« und »Notausgang«. Viele sind Tag und Nacht beleuchtet, damit sie besonders auffallen.

Schlauch und Strahlrohr sind fest angeschlossen. Sie können sofort eingesetzt werden.

»Szene 37 – die erste – Film ab.« Gespannt verfolgt der Regisseur die Notlandung eines Clippers auf der Landebahn C des Flughafens. Die Schaumkanone schleudert in Sekundenschnelle Massen von Schaum auf die Rollbahn. Der Agent verläßt über die Notrutsche die Maschine und landet laut Drehbuch direkt in den Armen der Polizei. »Pause«, winkt der Regisseur. »Die Aufnahme ist im Kasten.«

Die Mannschaft der Flughafenfeuerwehr ist für Notlandungen besonders ausgebildet. Zu ihren Spezialfahrzeugen gehört die Schaumlöschkanone. Sie arbeitet wie ein großer »Feuerlöscher« – mit Schaum deckt sie die Flammen zu. Sie wird aus dem Führerhaus gesteuert.

Wenn Treibstoff von Flugzeugen verbrennt, entsteht eine große Hitze. Deshalb tragen die Feuerwehrleute einen besonderen **Hitzeschutzanzug.** So können sie auch Passagiere aus den Flammen bergen. Im Notfall müssen Passagiere sehr schnell das Flugzeug verlassen. Sie retten sich über die Notrutsche, die wie eine Luftmatratze aussieht. Sie bläst sich selbst auf.

Onkel Albert ist Bootsführer bei der Hafenfeuerwehr und begeisterter Hobbyfotograf. Auf dem Treffen der Jugendfeuerwehr erzählt er gern von seinen spannenden Einsätzen: »Langsam gleitet der große Frachter in das Hafenbecken. Plötzlich dringt dicker Qualm aus Containern auf dem Vorderdeck. Die Bordfeuerwehr ruft die Hafenfeuerwehr zu Hilfe. Mit zwei Löschbooten bekämpft sie vom Wasser aus den Brand.«

Ein Matrose wird mit einer Hosenboje vom Frachter auf das Feuerlöschboot übergesetzt.

Taucher der Hafenfeuerwehr tragen Atemluftgeräte und Schwimmflossen. Sie sind von einem Schlauchboot aus im Einsatz.

Im dichten Nebel sind zwei Schiffe zusammengestoßen. Dabei wurde ein Tank leck geschlagen. Einige hundert Liter Öl flossen ins Hafenbecken. Die Hafenfeuerwehr legt eine Ölsperre aus und saugt den Ölteppich ab.

»Und hier seht ihr den Einsatz unseres Feuerlöschbootes nochmals im ganzen.« Onkel Albert gibt das nächste Foto weiter. »Die Fontänen aus den Wasserkanonen kühlen gleichzeitig die umstehenden Container. So kann das Feuer nicht übergreifen.«

»Tolle Aufnahmen sind dir da gelungen«, sagt Karl. »Aber jetzt müssen wir leider gehen, wir haben Erste-Hilfe-Kurs.«

»Na, dann ab mit euch! Die Erste Hilfe muß ein künftiger Feuerwehrmann gründlich beherrschen.«

Fahrzeuge mit gefährlichen Lasten haben ein besonderes Schild. Hier wird Benzin befördert.

Indorfer Tagblatt:
Umgestürzter Lkw blockiert Bundesstraße.
Auf der Bundesstraße 27 kam gestern morgen ein Lkw ins Schleudern und stürzte um. Die aus Fässern bestehende Ladung rollte auf die Fahrbahn. Ein nachfolgender Pkw konnte nicht rechtzeitig bremsen und fuhr auf. Ein entgegenkommender Pkw versuchte den Fässern auszuweichen und kam ebenfalls ins Schleudern.

Kurz nach dem Unfall herrscht an der Unfallstelle Hochbetrieb: Die Polizei sperrt die Straße. Die Feuerwehrleute in ihrer **Warnkleidung** sind schon von weitem zu erkennen. Sie leisten Erste Hilfe. Auf **Krankentragen** bringen sie die Verletzten zum Notarztwagen. Mit Blaulicht und Sirene geht's ab zum nächsten Krankenhaus. Bei dem einen Pkw müssen die Insassen mit dem **Rettungsspreizer** befreit werden. Die Türen lassen sich nicht mehr öffnen. Bei dem anderen Pkw fließt Benzin aus. Schaum aus einem **Schaumstrahlrohr** deckt es ab. Nun kann es sich nicht entzünden.
Die Schläuche werden durch **Schlauchbrücken** geschützt, über die die Einsatzfahrzeuge fahren.

Aus den Fässern dringen beißende Dämpfe. Feuerwehrleute mit **Schutzanzug** und **Preßluftatmer** sichern sie so, daß sie nicht weiter auslaufen können.

Regen prasselt. Blitze zucken. Donner grollt. Sturm heult. Bald sind die Straßen überschwemmt. Kleine Bäche werden zu reißenden Flüssen, Wiesen zu Seen. Die Menschen sind vom Hochwasser überrascht worden.

Bei Unwetter muß die Feuerwehr besonders viele Einsätze fahren. Keller stehen voll Wasser. Die Feuerwehr pumpt sie leer.

Der Sturm knickt Bäume wie Streichhölzer. Die Eisenbahnstrecke ist blockiert. Noch in der Nacht zerteilen Feuerwehrleute den Baum mit **Kettensägen** und **Feuerwehrbeil** und räumen die Gleise frei. Ein **Flutlichtstrahler** erhellt gespenstisch die Landschaft.

Den Strom dafür liefert ein Generatorfahrzeug, das seinen Strom selbst erzeugen kann.

Sogar diesen großen Omnibus hat der Sturm in den Straßengraben gedrängt. Ein Jumbokran hebt ihn wieder auf die Fahrbahn.

Die Feuerwehr braucht viele Fachleute. Jeder muß ein guter Handwerker sein.

Mit Schlauchbooten rettet die Feuerwehr Menschen aus den Fluten.

Großfeuer im Sägewerk. Der Brandmeister ist mit der mobilen Einsatzzentrale als erster bei der Brandstelle. Über Funk gibt er einen Lagebericht: »Das Holzlager steht in Flammen; den Personen im Bürohaus ist der Ausgang durch das Feuer versperrt!«

Die lange **Schiebeleiter** wird ausgefahren. Zitternd klettern die Leute ins Freie. Die Löschtrupps legen mit der **tragbaren Haspel** Schläuche aus. Die Pumpen des Löschfahrzeugs werden mit dem Hydranten (Wasserlieferant) verbunden. Nun werden die Schläuche für das Löschwasser angeschlossen. Dann heißt es: »Wasser marsch!« Mit kräftigem Druck schießt das Wasser in die »Spritze«. Die Feuerwehrleute müssen das **Strahlrohr** ganz fest halten.

Aus dem Teich wird über eine Leitung Wasser angesaugt und in die Druckschläuche gepumpt.

An einen Verteiler können mehrere Leitungen angeschlossen werden. Die Schlauchstärken werden mit Buchstaben bezeichnet.

Das Schild besagt: Den Hydranten H 100 findest du 4,50 m nach rechts und 6 m zur Straßenmitte hin.

Die Löschtruppführer geben an, wohin der Wasserstrahl zu richten ist.
Sie verständigen sich mit **Sprechfunkgeräten** untereinander und mit dem Einsatzleiter. Endlich meldet er: »Feuer unter Kontrolle.«

Ediths Vater ist Lehrer in der Feuerwehrschule. »Darf ich mal mitkommen, wenn du ihn besuchst?« fragt Klaus die Freundin. »Klar«, nickt Edith.

Am Mittwoch ist es soweit. Als erstes zeigt Herr Gruber den Kindern den Schlauchturm. Hier hängen die Schläuche wie lange Röhren aufgereiht nebeneinander.

»Warum rollt man sie nicht auf?« fragt Klaus. »Das braucht doch viel weniger Platz!« – »Das geht nicht«, erklärt Herr Gruber, »nach jedem Einsatz werden die Schläuche gereinigt und gewaschen. Damit sie trocknen, muß man sie aufhängen.«

Edith hat die Kletterer an den Hängeleitern entdeckt. Sie hängen sie so ein, daß man von einer auf die andere überwechseln kann. Im Lehrsaal wird eine Gruppe über den Gebrauch der Hydranten unterrichtet. Andere üben Erste Hilfe oder trainieren im Kriechtunnel mit Atemschutzmaske und Preßluftatmer.

Die Freiwillige Feuerwehr ist 100 Jahre alt.
Zur Feier des Tages gibt es für die Kinder viele Attraktionen. Am liebsten probieren Klaus und Edith das **Sprungtuch** aus.

Der heilige Florian ziert die Fahne der Freiwilligen Feuerwehr. Er ist der Schutzpatron vor Wassernot und Feuersbrunst.

»Die Mitglieder der Freiwilligen Feuerwehr sind nicht von Beruf Feuerwehrleute. Für ihren Einsatz werden sie nicht bezahlt«, erzählt Opa. Früher war er selbst mit dabei.

Nun hält der Bürgermeister eine Rede. Er dankt den Männern für ihre große Hilfe zum Nutzen der Gemeinde und überreicht Urkunden und Ehrenzeichen. Den Festgästen empfiehlt der Bürgermeister in seiner Rede, auch das Feuerwehrmuseum des Ortes zu besuchen. »Davor ist auch das neue Löschfahrzeug aufgestellt, das aus Spenden der ›Freunde der Feuerwehr‹ gekauft werden konnte. – Und nun auf zum fröhlichen Fest!«

Auf der Festwiese wird bald der Festzug einmarschieren. Man hört schon Klänge der Feuerwehrkapelle. »Was hast du alles als Feuerwehrmann erlebt?« will Klaus vom Opa wissen. Opa erzählt begeistert von riesigen Bränden – und manchmal scheint er wohl ein wenig zu übertreiben.

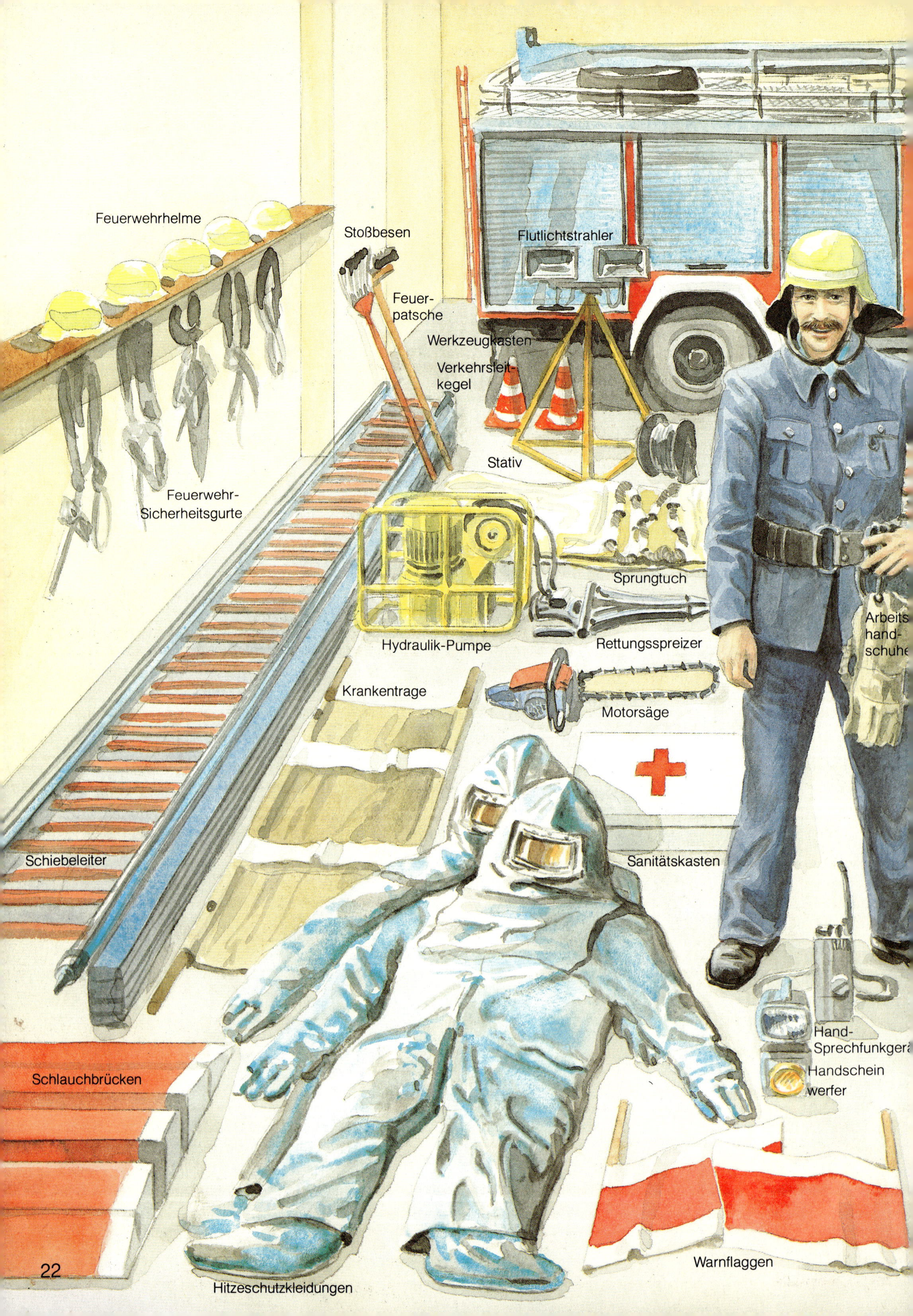
Feuerwehrhelme
Stoßbesen
Flutlichtstrahler
Feuer-
patsche
Werkzeugkasten
Verkehrsleit-
kegel
Stativ
Feuerwehr-
Sicherheitsgurte
Sprungtuch
Hydraulik-Pumpe
Rettungsspreizer
Krankentrage
Motorsäge
Sanitätskasten
Schiebeleiter
Hand-
Sprechfunkger
Handschein
werfer
Schlauchbrücken
Warnflaggen
Hitzeschutzkleidungen